바라춤 그 새로움

글·춤 김인권 | 전수향

如山書塾
易術書籍 專門出版

춤

김인권
한국국악협회 경상남도회장
한국국악협회 진주시 지부장
개천예술제 전국국악경연대회 대회장
개천예술제 전국학생국악 경연대회 대회장
현) 춘당 김수악선생 기념사업회 회장
　　춘당 김수악 전통예술 보존회 회장
　　한국 전통문화예술재단 이사장
이메일 : kik5055@hanmail.net

국야(菊耶) 전수향
충남 천안에서 출생하여
동국대학교대학원 응용불교학과
명신대학교 음악학과
우송대학 공업디자인과
동방불교대학에서 범패를 전공하고
방송통신대학교에서 국문학을 수학하였다.
중요무형문화재 제50호 상주권공 이수
치유선무 수료
문학21을 통해 시 '사방요신'으로 등단하여
불교명상 시 음반 (애섭수, 고뇌, 기도) 3집 기획출시
법화경, 능엄신주, 자비도량참법 음반 영상연출
한국시인협회 회원
2012년 하이퍼전각 법화경 작품기획전시 (작가/조성주-한국기록원등재)
지금은 대구팔공산동화사 법화경 전각벽화를 기획(작가/조성주)하면서
불교무용의 경희(慶喜)로운 마음의
몸짓을 금빛 언어로 그리면서
하늘범무단 단장을 맡고 있다.
저서로는 불교무용시집 「우화의 꿈」을 출판하였다.
한국문화 예술재단 상임이사
춘당 김수악 전통예술보존회 기획분과 위원장
춘당 김수악선생 기념사업회 추진위원
이메일 : 1tara@hanmail.net

사진

김재필
한국사진작가협회 회원
유·무형문화재 촬영전문
독일 프랑크푸르트 아트전 사진부분 은상
대한민국 현대미술대전 4회 특선
국내 공모전 은상등 24회 입상
개인전 : 〈한국의 야생화〉 2회(2007, 2009)
그룹전 : 평창동계 올림픽유치기념 대한민국218우수작가 초대전(2011)
　　　　사우회 및 운현궁 겨울사진전 등 6회
　　　　2013 스마일 퀸 콘테스트(포토제닉 부문) 심사위원
　　　　2014 한복 홍보대사 선발대전 심사위원
'필아트 영상' Studio 대표
이메일 : famedia@naver.com

강헌수
웨딩아트 전문작가.
이메일 : shawlim@naver.com

CONTENTS

004	책머리에
005	한국불교 무용의 기원
006	범패
007	바라춤
032	나비춤
042	애련무(愛蓮舞)
062	법고무
072	논개 살풀이 / 김수악류 살풀이
100	선무(禪舞)
112	진주 교방굿거리춤에 대하여

책·머·리·에

이 세상에 존재하는 모든 물질은 변화한다.

삶과 죽음이 있고 음과 양이 있다. 작아서 눈에 잘 띄지 않았던 식물이 자라서 형형색색의 예쁜 꽃을 피우고, 묵직하고 커다랗게 놓여 있던 바위가 거센 물살과 비바람에 조각이 난다.

존재하는 모든 것은 탄생하고 사라져 간다.

만남과 이별은 늘 함께 공존한다.

천변만화(千變萬化)하는 우주의 만물은 항상 돌고 변하여 잠시도 한 모양으로 머무르지 않는다.

전통예술은 우리의 삶 이야기이다. 하루하루 살아가는 삶의 고뇌와 행복한 마음 그리고 삶과 죽음을 표현하는 것이다.

그중 전통춤은 우리의 역사와 함께 발전되어 왔으며, 우리 민족의 애환과 정서를 그대로 반영되어 추어졌다.

문득 한평생을 사는 동안 춤꾼은 무대에 오르면서 무엇을 생각하고 몸짓을 표현했는가? 하는 생각을 해본다.

환희에 찬 마음으로 무대에 오르기도 했겠지만 어쩔 수 없는 상황, 즉 전통의 맥을 잇기 위해 싫어도 춤을 추기도 했을 것이다. 이렇게 오늘날까지 이어온 전통춤은 춤꾼들에 의해 고운 한복의 멋과 아름답고 정제된 춤사위를 계속 후대에 계승 발전시켜야 할 의무가 있다.

이것이 맥이 끊어지지 않고 오늘날 우리의 춤사위를 오랜 세월 전승하는 최선일 뿐이다.

21세기 첨단과학 문명시대라 하더라도 순수 원시성을 지닌 우리의 춤을 지켜야 하는 사람은 바로 우리 전통춤을 사랑하는 많은 대중들과 그리고 그 춤을 펼치는 춤꾼들인 것이다.

그것은 곧 춤꾼들의 사명이기도 하기 때문이다.

취선정에서 **김인권 / 전수향**

한국불교에서 무용의 어원을 살펴보면 원효의 무애무(無㝵舞)와 무애가(無㝵歌)를 빼놓을 수 없다.

이인로(李仁老, 1152~1220)의 『파한집(破閑集)』은 그가 말년에 지은 것으로 1220년 이전에 쓰여졌고 1260년에 간행되었다. 파한집에 보면 신라 원효(617~686)의 무애무에 대하여 다음과 같은 기록이 있다.

"옛날에 원효대성(元曉大聖)이 백정이나 술을 파는 잡배들 속에 섞이어 지냈는데 일찍이 목이 구부러진 호로박을 어루만지며 저자에서 노래하며 춤을 추면서 이름 하기를 '무애(無㝵)'라 한 일이 있다. 이러한 일이 있은 후 일 만들기 좋아하는 사람들이 금방울을 위에다 묶고 채색비단을 아래에 드리우고 장식하여 두드리며 앞으로 나갔다가 뒤로 물러갔다 하였는데, 모두 음절에 맞았으며 이에 경론(經論)의 게송(偈頌)을 들추어내어 '무애가'라 하니 밭농사하는 노인들까지도 또한 이것을 본받아 놀이로 삼았다".

또 『세종실록』에 보면 춤에 대한 동작은 언급하지 않음의 아쉬움이 있지만 사찰에서 스님들에 의해서 무애무가 추어졌으며 궁중정재로도 추어진 것을 알 수 있다. 스님들에 의해서 화려한 채색 가사를 입고 사찰에서 무애무가 추어졌다는 것은 불교 의식행사나 문화행사에서 추어졌다는 것을 의미하므로 오늘날 행해지고 있는 불교무용의 일환으로 볼 수 있다고 사료 된다.

또한, 경남 하동 쌍계사에 887년(진성여왕 1)에 세워진 국보 제47호 '진감국사대공탑비'에 보면 신라시대에 범패가 많이 행해지고 있다는 기록이 있다.

범패

범패(梵唄)는 불교음악으로 예불(禮佛)을 할 때 부르는 노래이며 한국전통 3대성악 중 하나이다.

또한 범음(梵音), 즉 인도소리라고 하며 어산(魚山)이라고도 부른다.

범(梵)은 산스크리트어 brahman의 음역으로 범마(梵摩) 바라하마(婆羅賀摩) 범람마 의 준말로서 청정(淸淨) 적정(寂淨)을 뜻한다. 바라문교에서 설하는 우주의 최고 원리. 우주를 창조하고 전개시키는 근본 원리, 만물을 배후에서 움직이는 힘의 뜻을 가지고 있다.

범패의 소리 구성은 안채비와 바깥채비 소리인데, 안채비는 선율이 단조로우며 가사는 주로 한문으로 된 산문형식으로 되어 있고,

바깥채비는 홋소리와 짓소리로 다시 구분되어 있다.

홋소리는 독창형식으로 부르며, 짓소리는 대중이 같이 부르는 소리로 불보살님께 올리는 음성공양의 의미를 가지고 있다.

작법무는 범무(梵舞)라고도 부르며 불교의식을 행할 때 추어지는 것으로 불·보살님을 찬탄하며, 발원한 바를 성취하기 위하여 올리는 불교무용이다.

불교의식에 있어서 범음과 작법은 의식을 행함에 있어서 장엄미를 한층 높여 준다.

현재 중요무형문화재 제50호에서 추어지고 있는 작법무의 종류에는 바라춤과 나비춤, 법고춤, 타주춤 등이 있다.

바라춤

   바라춤은 불교무용 중에서 춤사위와 반주되는 악기소리가 역동적인 느낌이어서 남성적인 평가를 받고 있다. 또한 도량을 청정하게 하고 마음을 정화시키며 불법을 수호하는 의미를 지니고 있다.
   바라춤의 종류에는 천수바라, 사다라니바라, 명바라, 내림게바라, 관욕쇠바라, 화의재바라, 요잡바라 등이 있으며, 홋소리와 사물반주 또는 기악반주에 맞추어 춘다. 그 종류를 몇 가지 열거하면 다음과 같다.

- **천수바라** – 천수경의 신묘장구대다라니의 소리에 맞추어 추는 춤이다.

   불·보살님을 모심에 있어서 도량을 청정히 하기 위한 범위를 정하는데 이를 결계(結界)라고 하며 이때 추어지는 바라춤이다.

- **사다라니바라** – 4가지 진언에 맞추어 추는 춤으로 나무시방불(南無十方佛), 나무시방법(南無十方法), 나무시방승(南無十方僧)이라는 사설을 홋소리로 부르고 난 다음 변식진언(變食眞言), 감로수진언(甘露水眞言), 일자수륜관진언(一字水輪觀眞言) 유해진언(乳海眞言)에 맞추어 춘다.

무량위덕자재광명승묘력 변식진언
나막 살바 다타 아다 바로 기제 옴 삼바라 삼바라 삼바라 훔

시감로수진언
나무 소로 바야 다타 아다야 다냐타 옴 소로 소로 바라 소로 바라 소로 사바하

일자수륜관진언

옴 밤밤 밤밤

유해진언

나무 사만다 못다남 옴 밤

변식진언

각자에게 알맞은 음식으로 변하게 하는 진언

시감로수진언

몸에 아주 좋은 단물(Sweet water)로 변하게 하는 진언 즉 청정한 차를 뜻함

일자수륜관진언

곧게 물이 흘러가듯 그와 같은 관념으로 질서 있고 알맞게 먹어야 된다는 진언

유해진언

먹은 음식이 잘 소화되도록 하는 진언

- **명바라** – 명발이라고도 하며 가사가 없이 태징과 북으로 반주를 한다. 2명, 4명, 6명 등이 짝을 맞추어 추어지는 춤으로 천수바라, 사다라니바라. 요잡바라 등이 춤사위가 비슷한 반면 명바라춤은 바라를 올리고 내림에 있어서 젖혀서 모아지는 특징 등이 있다.

- **내림게바라** – 가사가 없이 태징과 북등의 반주가락에 맞추어 추어진다.

- **관욕쇠바라** – 관욕 절차에서 목욕진언 후에 추는 춤으로 가사 없이 관욕쇠 태징에 맞추어 추어지는 춤이다.

- **화의재바라** – '나모 사만다 못다남옴 바자나 비로기제 사바하'의 화의재진언은 옷을 태워서 법의(法依)로 만드는 의식으로 홋소리로 하며 태징에 맞추어 추어진다.

- **요잡바라** – 평바라, 막바라, 번개바라, 보통바라라고도 하며, 가사 없이 태징과 반주가락에 맞추어 추어진다.

금빛 바라 두 손에 받쳐 들고
엇갈려 스쳐 돌리는
번뇌의 몸짓

명다리 끈 묶어
소리 퍼지니

하얀 밤 끝자락에
타래버선 들어 올린
고혼이 애닯아라

대구 동화사 문화관 법화경 전각작품 설계도(법화경 작품기획 전수향, 작가 국당 조성주)

응고된 세월을 녹이고
흩어진 시간을 묶어 어지러진
몇 천 날들을 하루의
순간에 넘겨 버린다

〈보리수 나무〉(2012년 법화경 「불광전」 한국미술관 - 작가 국당 조성주, 기획 국야 전수향)
소장처 - 서울 제기동 법화정사

아쉬운 시간을 되씹고
이어진 세월을 마시면서
흘러 보내야 하는
내 안의 아픔을
기다림 없는 기대 속에서
오늘도 나는
설명한 영혼의
한 자락을 들어 올린다

태양의 수레바퀴가 닳아지고
시간의 문자판에 긁힌 자국은
지난 세월의 흔적인가

바라춤 19

잃어버린 아름다운 추억은
나의 슬픔과 함께 오나니
세월의 서사시는 자연의 계곡에서
시작하여
평원에서 끝을 맺으니…

정릉 〈내원사〉

육화림 신춘음악회(조계사 역사문화기념관 공연장, 하늘 범무단)

〈대구 송림사 벽봉 성덕선사 공덕비 제막식〉
(하늘 범무단)

서울 열린선원

청도 용천사 〈용왕재〉

삭막한 세상
어디가 끝이런가
대답없는 몸짓은 가슴을 에이고
부딪혀 온천지 퍼진
바라 소리에
내 마음을 담아보네

빙빙 도는 인생
두 바라에 담아
정 J자로 내딛는 발걸음
무념으로 치단네

바라… 그 무한의 세계

해 탈

김 인 권

긴 꿈이었을까
저 아득한 세월이
거친 바람 속을 참 오래도 걸었네

긴 꿈이었다면 덧없게도 잊힐까
대답없는 길을 나 외롭게 걸어왔네
그러다 우연이 필연이 되어
당신을 만났네
그리고
당신을 만나 춤을 접하는 순간
육신이 깨어나 행복을 느꼈네

그리움

김 인 권

어디선가 아득히
들려오는 소리가 있다

설레이는 가슴 한복판에
메아리되어 살그머니
가버린 소리가 있다

붙잡을 수 없는
그 무한한 흐름의
신앙이 안으로 고여
종소리는 그렇게
은은한 울림으로
기도를 여는데
날마다 찾아와도
부를 수 없는 아쉬움이 있다

잴 수 없는 깊은
하늘 아래 따사한 호흡이
못내 아쉬워 밝아오는
나의 그리움

바라춤

전 수 향

응고된 세월을 녹이고
흩어진 시간을 묶어
어지러운 몇 천 날들을
하루의 순간에 넘겨버린다

태양의 수레바퀴가 닳아지고
시간의 문자판에 긁힌 자국은
지난 세월의 흔적인가

잃어버린 아름다운 추억은
나의 슬픔과 함께 오나니
세월의 서사시는 자연의 계곡에서
시작하여
평원에서 끝을 맺으니

어쩔 수 없는 미련을 흘려버리고
막차의 기적소리에
의미 없는 미소를 보내며
표정의 종착점에서
난 바장이고 있다

아쉬운 시간을 되씹고
이어진 세월을 마시면서
흘러 보내야 하는
내 안의 아픔을
기다림 없는 기대 속에서
오늘도 나는
설멍한 영혼의 한 자락을 들어올린다

* 바장이다 : 부질없이 짧은 거리를 오락가락 거니는 우리말
* 설멍하다 : 옷이 몸에 짧아 어울리지 않는다는 우리말

천수바라

전 수 향

시간이 잠을 잔다
긴 장삼 소맷자락 속에서
모두운 내 손이 자고 있다

태양은 머리 위에서 찬란한 빛을 밝히는데
칠흑으로 침전하는
내 마음은 끝도 없이 자고 있다

그대는 나를
캄캄한 어둠으로
더 깊은 무덤 속에서 잠을 재우는구나

늘어진 머리카락은
바닥으로 뿌려지고
파쇄된 심장은 천지 사방으로 흩어지고 있다

하늘과 땅속에서
울리는 광음(光陰)은
잠을 깨트리고 사라지는구나

소리 좇아 나는 떠난다
불꽃이 멈추지 않고 타오르는
그대가 있는 곳으로 나는 떠난다

합장한 두 손은
솟구치며 흔들리는 불꽃을
가슴에 부여잡고 있다

나비춤

나비춤은 불법을 상징한다는 의미를 가진 작법무이다.

나비춤은 육수가사에 고깔을 쓰고 빠른 동작이 거의 없이 느린 동작으로 추는 정적인 춤사위이다.

바라춤을 출 때는 장삼에 홍가사를 수하고 추는 반면에 나비춤의 의상은 화려하다.

나비춤 출 때의 육수가사는 주로 청색, 홍색, 녹색의 좁고 긴 가닥을 홍색 가사에 세 가닥씩 앞뒤로 여섯 가닥을 달아서 화려함을 한층 더한다. 크고 화려한 고깔은 색색의 육수가사와 더불어 마치 나비가 날갯짓을 하며 나는 모습을 연상하게 한다.

나비춤의 종류에는 아래의 향화게작법, 운심게작법, 도량게작법, 다게작법, 사방요신작법, 삼귀의작법, 모란찬작법, 오공양작법, 구원겁중작법, 기경작법 등이 있다.

- **향화게작법**-공양의 찬탄하는 게송으로 홋소리로 불리며 추는 작법이다.

- **도량게작법**-나비춤가운데 가장 많이 추어지는 춤으로 도량을 청정하게 하는 의식으로 도량게 소리에 맞추어 추는 작법이다.

- **다게작법**-차를 올리는 의식으로 다게 소리에 맞추어 추는 작법이다.

- **사방요신**-가사가 없이 태징, 북, 호적 반주에 맞춰 추는 작법으로 사방을 돌면서 추는 나비춤의 기본 춤 동작이다.

도솔녀
도리천녀
제석천녀여
하늘 하늘 하늘 꽃으로 흐르는
하늘 여인의 몸사위로…

연꽃 속에 나비춤을 추다(하늘 범무단)

34 바라춤 그 새로움

나비춤 35

그대 위하여 지금은 내가
나비춤을 추나니
아으, 삼천 세계가
발 밑으로 지나는 바람이여라

대구 유가사(일연 보각국사와 무산 오현선사 시비 제막식)

세상의 향초(香草)들이
다른 향기를 내고
밤이면 별들이
다른 빛을 내듯이
매일 다른 모습으로
나를 춤추게 하는
당신은 누구인가요

서천 식물원 〈연꽃축제〉

죽(竹)

김 인 권

왜!
속이 비었냐고 묻지를 마라
왜!
꽃이 없느냐고 묻지를 마라
사계절 푸르름을 당신은 아는가
마디마디 맺힌 한을
당신은 아는가

나의 영혼을 건드리지 마라
나의 빈 가슴을 채우려 마라
내가 갈라져도
한 줄로 쪼개지리니
내가 죽어도 변하지
않으리니

나비춤

전 수 향

도솔녀
도리천녀
제석천녀여

하늘하늘 하늘 꽃으로 흐르는
하늘 여인의 몸사위로

그대 위하여 지금은 내가
나비춤을 추나니

아으, 삼천세계가
발밑으로 지나는 바람이여라

은하수 건너 추는 나비춤

전 수 향

은하수 강둑에 앉아
새벽마다 춤을 추며 기다리게 하는
당신은 누구인가요

밤마다 찾아드는
그리움의 꽃씨를 날리기 위해
오늘도 그대를 찾는 꽃잎의 몸짓을 만드는
당신은 누구인가요

세상의 향초(香草)들이
다른 향기를 내고
밤이면 별들이
다른 빛을 내듯이
매일 다른 모습으로 나를 춤추게 하는
당신은 누구인가요

천년을 기다려도 오지 않는
못 잊을 기다림처럼
지워지지 않는 그리움의 춤을 추게 하는
당신은 누구인가요

그리움을 주는 당신보다
그리워하는 나를
천상 꽃잎의 하늘거림으로
춤을 추게 하는
당신은 누구인가요

사방요신

전 수 향

사방은 어둠이 깔려 있다
내 가슴 멈추지 않는 열정으로 채워지고 있다

나의 두 손은 연화장의 상념에 들어간다
마주치는 두 손의 틈 속에 철벽같은
장막으로 본능의 불꽃을 태워본다

동물적인 성애(性愛)의 욕구를 가득 담아본다
펼치는 두 손의 끝자락을 끝없이 뻗어본다

잠을 잊어버린 가슴은 양 방향을 치닫고 있구나

아!
어디로 가느냐
나의 두 손 끝이여
날카로운 이빨로
그대 살점을 뜯느냐
그대 갈비뼈를 핥느냐

나의 두 발은 그대의 피를 밟고 있구나
어디로 디뎌야 하나
나의 발이여
나의 발밑이 온통 선홍빛 피로 물드는구나

아!
나의 두 손이여
여기를 치워다오
사방을 돌아보니 제자리에 서 있구나
어둠이 가라앉는다

가득 채운 나의 배는 그대 육체로 기쁨에 젖어 있구나
그대의 갈기갈기 찢긴 몸으로 환희를 얻는다

난 진리를 찾았다 허나 다시금 환상에 빠진다
그대 오렌지 빛 가사로 나를 덮어주오
그대 오렌지 빛 가사로 나를 감싸주오

애련무
(愛蓮舞)

    정이천의 애련설에 향원익청(香遠益淸)이라 하였는바 즉 '향기는 멀수록 맑다'라는 뜻이다. 연꽃은 불가의 상징적인 꽃이다. 염화미소는 석가모니부처님께서 영산회상에서 연꽃을 들어 보이자 팔만대중 중에 가섭만이 그 뜻을 알고 미소를 짓는 것에서 나온 말이다.
    즉, 말을 하지 않아도 마음과 마음이 서로 통하여 깨달음 얻음을 나타낸다.
    연꽃은 맑은 물이 아닌 진흙탕물 속에서 살지만 연잎이나 꽃잎에는 흙탕물을 묻히지 않는다.
    이는 불자가 세상을 살아가는 방법에 있어서 어지러운 세상살이의 추함에 물들지 않고 부처님의 가르침에 따라 아름다운 꽃을 피우며 살아가는 길을 제시함이다.
    송나라의 승려 회암지소(晦庵智昭)가 저술한 '인천안목(人天眼目)'은 인간과 천상의 일체가 모두 중생의 안목이 된다는 뜻으로 인천안목에는 다음과 같은 기록이 있다.
    "범왕이 영산에 와서 석가모니부처님께 바라화를 바치고 중생들을 위한 설법을 청하자 석가모니가 단위에 올라가 꽃을 들어 올렸다" 이처럼 경전 곳곳에서는 많은 꽃들이 상징적으로 많이 언급되고 있다.
    애련무는 지금 우리의 현시대가 안고 있는 아픔을 법화경을 통해 치유하고 부처님의 보배로운 말씀이 두루 퍼져 근심, 걱정, 고통, 불안을 막아 편안하고 즐겁게 살아 갈 수 있는 아름다운 세상이 되길 염원하는 메시지를 담은 춤이다.
    또한 이 긴 꽃 줄은 장수를 빌고 가화만사성을 축원하고, 때로는 가신님의 넋을 위로하며 이생에서의 끈을 놓지 못하고 애달파하는 님을 부처님의 가피를 입어 극락왕생하도록 발원하는 뜻도 담아 있다.
    이춤에서 소품으로 사용하는 끈은 동아줄의 개념으로 삭은 동아줄이 아닌, 아주 실하고 튼튼한 동아줄로서 끊어지지 않음을 나타낸다.
    이춤은 추는 장소와 의미에 따라서 흰색의 한지 종이에 꽃잎모양을 달은 긴 끈에 흰 꽃을 쓸 때도 있고 화려한 색상의 꽃잎과 의상을 입기도 한다.(동작에 변화가 있다)

우주의 흐름에
하나가 되었을 때
갇힌 마음은
원초적 빛이 되었다

무아… 그 무한한 세계

보이지 않는 허공에
두 손 저어보니
부딪히는 공기는
잡히지 않는다

법화의 세계가 퍼지다

애착하는 마음에
벗어나지 못하는 욕망은
좁다란 공간에
노예가 되었다

오늘밤
밤새워 유등을 키려하네
인고의 아픔에 밤을 지내우는
그대를 위하여
작은 유등의 불빛을 밝히려네

오고가는 길목이
따로 있는 것 아니거늘
오늘은 이 길인가
내일은 저 길인가
가고 있는 이 길이 내 것인데
헤매이고 길 잃은 인생길
복잡하게 얽혔구나

천혼의 향

대구 동화사 〈법화경대축제〉(서예 퍼포먼스—국당 조성주, 춤—전수향)

비파 소리는 하늘을 날고
천사의 꽃들은
구름 위에서 활짝 피었네

연향의 공양

연화장

애련무 55

이 세상에 존재하는 것 중에
가장 귀하고 귀해서 잡히지도 않는 것이
사랑의 마음이랍니다
신적인 사랑도 완전한 사랑도
모두가 붙여진 이름에 불과하지요
진정한 사랑은 말을 할 수 없는 사랑입니다.

이슬 향에 취해
지는 꽃잎 내 삶의 여정
스치는 공기의 향
고달림 벗어난 평온의 호흡

그곳에 연꽃 향기가
가득하여라…

가장 보잘 것 없는 사람

김 인 권

가장 보잘 것 없는 사람에게
사랑한다는 말을 듣는다는 것은
하늘의 보화를 얻는 것이며
가장 보잘것없는 사람에게
입마춤 포옹을 할 수 있다면
그는 천국에 덕을 얻는 것이다.

마음이 착한 사람은 많다
그러나
마음이 깨끗한 사람은 드물다.

자신에게 용기를 주는 사람이
남에게도 용기를 주고
자신에게 겸손한 사람이
남에게도 겸손하다.

연 밭의 추억

전 수 향

북한강과 남한강물이 하나가 되는 곳
서로 다른 물줄기를 타고 흘러와 한줄기
강물을 이루는 곳
두물머리
그곳에 연꽃 향기가 가득하여라

밤나무색 벤치 앞에는
몽올진 연꽃이 8월의 무더운 바람에도
하늘거리고
꽃잎이 떨어져 뽕뽕 뚫린 연밥구멍에는
소곤대는 웃음소리 가득 들어가네

열대아의 후덕진 더위도
연 밭에 피어난 연꽃이 좋아라
연잎 따서 반찬하고 햇볕 받아 오색 빛을 내어
멋진 프로방스의 파티를 하리

법고무

　　법고, 목어, 범종, 운판은 불교의식에서 중요하게 사용되는 기물(器物)로 사물이라 부른다. 법고는 네발가진 중생을 위해서 치고, 목어는 물속의 중생을 위하여, 범종은 지옥중생을 위하여 치며, 운판은 하늘을 나는 중생을 위하여 친다는 의미를 가지고 있다. 이러한 사물중 춤으로 추어지는 것은 법고만 있다.

　　법고춤은 가사가 없이 주로 혼자서 추며, 호적과 사물, 삼현육각 반주에 맞추어 양손에 북채를 들고 법고 앞에서 춘다.
　　춤동작이 크고 활기차며 장중한 느낌을 준다.

태초의 소리…鼓

삼통(三統)의 소리
삼계에 가득하니 내 몸에 깃털을 달고
하늘 향해 올리는 북채
두 눈에 담아두니
내 마음 환희로워
하늘로 하늘로 올라 가네

긴 꿈이었을까
저 아득한 세월의…

충남 아산 혜명사 큰 법당

감싸 안아
휘어 감은 북소리
내 가슴에 파고드니
놓치 못한 망상은
있을 곳이 없다

길 위에서

김인권

긴 꿈이었을까
저 아득한 세월이
거친 바람 속을 참 오래도 걸었네

긴 꿈이었다면 덧없게도 잊힐까
대답없는 길을 나 외롭게 걸어왔네

뜰에 오색향기 어여쁜 시간은 지나고
고마웠어요
스쳐간 그 인연들
아름다웠던 추억에 웃으며 인사를 해야지

아직 나에게 시간이 남아 있다면
이 밤 외로운 술잔을 가득 채우리
꽃잎보다 붉던 내 젊은 시간은 지나고

백팔계단위에는

전 수 향

삶이 힘들어 고달프면 은
일주문안 자갈길을 걸어
두 눈을 커다랗게 뜨고 계신
동남서북 사천왕님을 올려다 보세요

무서운 두 눈에서 눈물 없이 흐르는 슬픈 눈물이
발밑에서 구름 되어 떠다니고
곱게 칠해진 문설주의 단청은
봉황새 되어 하늘을 날고 있어요

살다가 문득 인생이 허무해진다면
언제나 웃어 예는 산새들을 따라
산골짜기 암자에 올라가 보세요
처마 끝에 구멍 뚫려 흔들리는 풍경 속에는
한 많은 여인의 노랫가락이 들리고
애달픈 마음 담아 무릎 꿇고 기도하는
한 여인의 간절한 소리가 들립니다

어느 날 가슴이 뭉클하고 슬퍼지는 날이 있으면
백팔염주 한 알 한 알 씹어가며
백팔계단을 층층이 올라가 보세요
계단 끝에는 거센 세상의 풍파에
이리저리 구르던 돌이 씹히고
등위에 커다란 나무가 달린 물고기가
작은 눈을 크게 뜨고
백팔 배를 올리고 있어요

논개 살풀이
김수악류 살풀이

살풀이란 말은 전통적인 민속 용어로서 뭔가 나쁜 기운, 악귀, 액 등을 풀어버린다는 뜻으로 풀이 된다.

살풀이춤의 종류는 지역에 따라 특성을 달리하여 발전하였다.

경기도 살풀이 영남동해안지역 살풀이, 진도 씻김굿 살풀이가 있고, 무대화된 한성준류 살풀이와 이매방류의 남도 살풀이 등이 있다.

김수악선생은 영남진주지역에서 전해 내려오는 살풀이춤을 추었다.

고(故) 춘당 김수악선생은 중요무형문화재 제 12호 진주검무예능 보유자이며 경상남도 무형문화재 제21호 진주교방굿거리춤 예능보유자였고 우리나라 전통춤의 어머니라 칭하며 우리나라의 문화예술에 한 획을 그은 분으로 국악발전에 생애를 바치신 분이다.

선생의 업적이 지금은 '김수악 전통 예술보존회'와 '김수악 전통춤보존회'의 많은 제자들에 의해 전승되고 있다.

강산제일이라 평가하는 김수악선생의 구음(口폼)은 헛간의 도리깨도 춤추게 했다고 할 정도로 완벽한 기교와 예술성이 풍만한 소리로 춤과 한평생을 살아온 때 묻지 않은 순수한 예술 사랑의 그 자체에서 베어 나오는 한국여인의 삶을 담은 인생의 소리라 할만하다.

구음은 연주되는 악기의 소리를 넘어 우리 가슴에 영원히 메아리치게 한다.

춘당선생의 논개살풀이, 교방굿거리, 진주검무, 김수악류살풀이, 장고, 헛간의 도리깨도 춤추게 만든다는 구음 등의 예능 종목들이 지속적으로 연구, 계승, 발전되어야 한다.

소리없이
사뿐 찾아온 님아
꿈속에서만 보던 님이
마음속에서만
그리던 님이…

초하의 미풍 타고 얇은사 하이얀
모시적삼 청파에 고이 씻어 날듯…

맑고 그윽한 소리 따라
깊고 부드러운 춤을 추며 날아가는구나
가슴벅찬 경지의 세계로 날고있구나
훨훨 날아가는구나

논개 살풀이

바람처럼 왔다가 꿈속처럼 가버려
아직도 꿈인 줄만 알고 있어라.

논개 살풀이

84　바라춤 그 새로움

허공을 둥둥 떠다니는 바람처럼
머물 자리를…

혼탁한 세월도
지나고 나면 한낮
바람 한 점에 불과하네

햇살은 화려한 조명 비추지만
나는 비단옷을 벗어 던집니다
고독의 소리는
더욱 크게 들려옵니다

나를 찾아준
내 사랑에게
나의 솔레미오를
바치노라

사랑이 떠나 간다네
나 홀로 남겨 놓고서
시간아 멈춰버려라
내님이 가지 못하게…

얽힌 뿌리의 근원이
보이지 않아
풀어헤친 장삼옷고름
돌돌 말아 올리니
흰 뿌리 검은 뿌리
감긴 고름 속에서
춤을 추누나

나는 떠다니는 배입니다
푸른 바다를 항해하고 있습니다
파도는
나를 춤추게 하고 창공을 날고 있는
갈매기는 노래를 부릅니다

님

김 인 권

강바람 산바람
녹음사이 속삭일때
초하의 미풍타고
얇을사 하이얀
모시적삼 청파에
고이씻어 날뜻사뿐
찾아온 님아
까치도 울지않고
체부도 오지않고
석양은 말없이
서산에 지는데
황금빛 저녁노을
봉황마냥 수놓아
소리없이 날듯 사뿐
찾아온 님아
꿈속에서만 보던 님이
마음속에서 만 그리던
님이
바람처럼 왔다가
꿈속처럼 가버려
아직도 꿈인줄만
알고있어라

이별의 화답(和答)

전 수 향

덩그러니 홀로 있을
님을 생각하니
허공을 둥둥 떠다니는 바람처럼
머물 자리를 잃었습니다

정은 많은데
무뚝뚝해서 말이 없는
사람이지만
뒤돌아서는 모습을 보니
오장육부 총알이라도 맞은 것처럼
가슴이 뻥뚫려버렸습니다

안녕하며 손 흔들며 미소를 지었는데
얼마 안 있으면
다시 볼 수 있으련만
나의 심장은 숨을 못 쉴듯이 멈춰 버렸습니다
.
.
.

지금쯤
내 사랑이
내 곁에서 점점 멀어져 가고 있구나
생각하며 가슴이 시려오는데
문자가 들어오는 소리는
님을 그리는 정인의 심정으로
까치 소리를 듣는듯하구나

나를 찾아준 내 사랑에게
나의 쏠레미오를 바치노라

사랑이 떠나간다네~
나 홀로 남겨 놓고서
시간아 멈춰 버려라
내님이 가지 못하게…

선무
(禪舞)

    선무(禪舞, Zendance)는 1974년 세계적인 안무가이며 무용가인 이선옥[1]이 불교의 선사상을 바탕으로 만든 춤추는 명상으로 "이뭐꼬"의 화두를 들면서 추는 춤이다. 이러한 선무는 한국의 전통무용과 선(禪)사상을 결합하여 만든 것으로 수행과 예술을 조화 있게 담은 치유 무용이다.

    불교에서 수행하는 한 방법으로 참선을 하고 있는데 동작을 접목해서 무념무상인선의 경지에 올라갈 수 있는 방법을 제시한 것이 선무(禪舞)이다. 이것은 참선의 수행법에 우리의 전통무용과 불보살님의 수인을 접목시킨 것이라고 할 수 있다. 수인과 단전호흡 그리고 곱고 강한 선무의 동작을 통해서 혈액의 흐름을 원만하게 만들어 주며 흐트러진 기를 모아서 정신세계와 몸의 상태를 같이 높이는 춤추는 수행법의 형태이다.

    선무는 남녀노소 누구나 어느 장소에서나 구애받지 않고 접할 수 있는 춤으로 고도로 발달된 생활과 치열한 경쟁의 사회 속에서 생활하는 현대인들이 받는 쇠약한 육체건강과 정신건강에도 많은 도움을 주는 대중적 건강치유예술이라고 할 수 있다.

    선무에는 '음양의 원리' '이뭐꼬의 화두' '거울반사의 원리' '음양의 조화-이심전심' '수인법 명상' '걷는 명상과 좌선'등이 있다. 이러한 동작을 표현함에 있어서 쌓였던 분노나 우울 등을 분출함으로서 몸과 마음을 청정히 하고 기쁨과 행복의 상태에 있을 때에는 이를 차분하게 관하여 이를 행하고 있는 스스로를 보다 높은 경지의 나를 만드는 즉흥무의 성격을 띤 춤이다.

음양의 원리

    세상의 모든 원리는 음양의 조화로 이루어져 있다. 우리의 시선이 머무는 곳과 머물지 않는 곳에서도 음과

---

[1] 1943년 출생, 미국 뉴욕대 NYU 교수 역임, 무용안무가, 선무창시자, 1980년 미 국무성 문예진흥원 안무가상 수상, 1996년 미국링컨센터 라이브러리 안무소장.
· 위 내용은 이선옥의 〈선무 치유무용〉을 참고하였다.

양은 존재한다.

양과 양, 음과 음이 만나면 서로 밀치고 양과 음이 만나면 서로 당기는 자석과 같은 상대성의 조화이다.

하늘과 땅, 낮과 밤, 남자와 여자, 봄과 가을 그리고 겨울과 여름, 기쁨과 슬픔, 높음과 낮음, 동적인 것과 정적인 동작을 조화롭게 적용한다.

거울반사의 원리

거울 속에 비치는 자신의 모습은 수정이 안 된 스스로의 모습 그대로를 보여준다. 거울에 비친 모습은 거울 앞에 서있는 모습과 같기 때문에 너와 내가 아닌 일체의 모습을 표현하는 것으로 선무를 추는 상대방의 동작을 똑같이 표현 한다.

수인법 명상

수인법(手印法, Mudra)은 불보살님의 상징적인 수인을 함으로써 비밀스러운 진리의 말씀을 표현한 것이다.

수인을 표현함으로서 불보살님에 대한 경의와 찬탄을 동작으로 나타냄으로 기(氣)와 집중력을 한데 모아 최상승의 예술적 동작을 나타낸다.

"이뭐꼬" 화두

선무동작에 있어서 한 동작 한 동작 마다 이것이 무엇인가?

라는 "이뭐꼬"란 화두를 들고 춘다.

"이뭐꼬"라는 화두로 마음을 안정시키고 정신적 긴장을 풀어주는 동작으로 구성되어 있다. 동작을 할 때마다 호흡과 동시에 "이뭐꼬"라는 화두를 소리내어하는데 동작마다 "이" "뭐" "꼬" 라는 한 글자씩 소리를 내어서 동작을 하는 동안에 잡념이 끼어들지 않게 하여 춤의 동작에 집중 할 수 있게 한다.

걷는 명상과 좌선

걷는 명상을 할 때의 동작은 양손을 단회항에 모으고 발뒤꿈치부터 바닥에 발을 디딘다. 상기된 기를 단전으로 끌어 내리고 발뒤꿈치부터 디디고 발가락이 바닥에 닿는 동안의 동작을 통해서 마음을 고요히 가라앉히며 무념의 상태로 들어가는 과정을 통해서 불안하고 긴장된 마음을 없앤다.

좌선은 반가부좌, 결가부좌, 금강좌 등으로 앉거나 각자에게 맞는 자세로 앉는다. 단전에 기를 모으면 기혈이 순환되어 면역력이 증가되고, 정신이 맑아지어 스트레스를 해소함으로서 건강에 이로움을 준다.

선무에서 좌선과 걷는 명상은 우울한 마음과 복잡한 심리상태를 평정하게 해줌으로써 맑은 정신과 건강한 육체를 만드는데 있어서 접합하다하겠다.

선… 그 무한한 세계 (하이퍼 전각 법화경 전시—작가 조성주, 작품기획 전수향)
소장처—서울 제기동 법화정사

예술의 전당 우면당 〈치유선무〉(춤-전수향, 장수정, 이영훈)

선무 105

홀로 깊어지는
고독한 내 안의 소리에

겨울 숲잎에
몸을 담그고 소스리바람의
입술로
그대의 가슴을 안아도

그대는 나에게 너무
맑고 밝아
꽃잎에 젖는 슬픈
눈빛이길 바래요

어찌 할까나 오직 그대에게만

향하는 나의 불길이

끝내는

슬픔의 불에 타버린 눈물로 진다는

걸 알면서

이미 멈출 수 없는 초침 소리로

어둠을 뚫고

가까이서 그대를 느껴보고 싶은 날

천안 수신면 구룡사 〈법화정사〉

선무 109

유등을 켜네 돌돌 말은 명주솜 심지 타고
올리브유 기름이 타고 있네
오늘밤
밤새워 유등을 키려하네
인고의 아픔에 밤을 지새우는
그들 위하여 작은 유등의
불빛을 밝히려네

꽃잎에 젖는 슬픈 눈빛

전 수 향

홀로 깊어지는
고독한 내 안의 소리에

겨울 숲잎에
몸을 담그고 소스리바람의 입술로
그대의 가슴을 안아도

그대는 나에게 너무 맑고 밝아
꽃잎에 젖는 슬픈 눈빛이길 바래요

나 홀로 안고 있는
아픈 사랑이지만
저녁 햇살 등지고 돌아설 때
가슴 저미는 외로움 속으로
그대는 나에게
꿈꾸는 달빛의 단춤으로
추어지는 것을!

어찌 할까나
오직 그대에게만
향하는 나의 불길이
끝내는
슬픔의 불에 타버린 눈물로 진다는 걸 알면서
이미 멈출 수 없는
초침 소리로 어둠을 뚫고
가까이서
그대를 느껴 보고 싶은 날

그대는 나에게 너무 맑고 밝아
꽃잎에 젖는 슬픈 눈빛이길 바래요

진주 교방굿거리춤에 대하여

　　진주 교방굿거리춤은 1997년 1월 30일 경상남도 무형문화재 제21호로 지정된 춤으로, 고려 문종 때부터 조선조에 교방청에 의해 전승되어 내려온 춤이다
　　이 춤은 대표적인 교방 춤으로서 굿거리 춤으로 이어져오다가 '춤을 부르는 소리꾼'으로 불리우는 김수악선생이 후반부에 자진모리장단의 소고춤을 접목시켜 오늘날 진주 교방굿거리 춤 으로 발전되었다.

　　또한, 이춤은 우리나라 전통춤의 네 가지 요소인 한과 흥, 멋과 태를 갖추고 정적이면서도 동적인 춤사위를 고루 갖춘 춤으로 시작은 느린 굿거리장단으로 시작하여 고요하면서도 섬세하고 애절하면서도 묵직한 동작으로 표현 되며 신비롭고 환상적인 춤사위는 김수악선생 특유의 굵고 장엄한 선의 독특한 맛을 잘 나타내고 있다
　　특히 후반부의 자진모리장단의 빠른 소고가락에서는 무대와 객석이 하나가 되어 그 흥에 모두가 빠져들어 무아지경에 이르게 하는 매력을 지닌 춤이다.

은혜는 돌에 새겨 천년을 본다

봄날은 짧고
화려한 꽃의 시간은 짧아
긴 긴날
폭염과 바람과 빗속에서
잎새와 열매를 익혀가듯이
사랑의 아름다움도
오래일 수 없는 것
그래도 그래도
꽃으로 황홀하고
싶었던 사랑

이런저런 인연의 사슬에 메여
스스럼하게 뒹굴며 아리며
한쪽 발 들고 기우뚱 살다간 인생

진주 교방굿거리춤에 대하여 117

꽃보다 질긴 잎새와 줄기와 뿌리로 살아
마침내 열매로 열려
그대의 가슴에 안겨 드리는…

진주 교방굿거리춤에 대하여 119

꽃이 핀다고 사랑이 피는 것 만큼 황홀할 수 있을까…

진주 교방굿거리춤에 대하어 121

122 바라춤 그 새로움

천년 후에

김 인 권

나쁜 것은 물에 새겨 흘러 보내고
은혜는 돌에 새겨 천년을 본다
있는 만큼 덜고 없는 만큼 보태며
천년살듯 하루살고
하루살듯 천년산다

이런저런 인연의 사슬에메여
스스럼하게 뒹굴며 아리며
한쪽 발들고 기우뚱 살다간 인생

천년 후
하늘이 아파 눈물 흘릴 때
그때 나는 술을 마신다

어느 봄날에

김 인 권

꽃이 핀다고
사랑이 피는 것 만큼
황홀할 수 있을까

꽃이 진다고
사랑이 지는것 만큼
처절할 수 있을까

봄날은 짧고
화려한 꽃의 시간은 짧아
긴 긴 날
폭염과 바람과 빗속에서
잎새와 열매를 익혀 가듯이
사랑의 아름다움도 오래일수 없는 것
인고의 세월을 견디고
꽃보다 질긴 잎새와 줄기와 뿌리로 살아
마침내 열매로 열려 그대의 가슴에 안겨 드리는 것
그래도 그래도
꽃으로 황홀하고 싶었던 사랑
이제는 가슴속에서만 아프게 만져보는 사랑
오늘밤 나는 사랑이 아프다

바라춤 그 새로움

초판1쇄 인쇄 : 2014년 6월 20일 | **초판1쇄 발행** : 2014년 6월 25일

지은이 : 김인권, 전수향

발행인 : 김동환 | **발행처** : 여산서숙

등록 : 1999년 12월 17일 | **신고번호** : 제300-1999-192

주소 : 서울시 종로구 종로 346번지 욱영빌딩 301호

전화 : 02) 928-2393 팩스 : 02) 928-8122

ⓒ 2014. 김인권, 전수향, Printed in Korea

값 20,000원
ISBN 978-89-93513-25-7   13220

* 저자와의 상의하에 인지는 생략합니다.